TRICK 17

Umzug

111 geniale Lifehacks
für einen stressfreien Start
im neuen Heim

Inhalt

Vorwort

Herzlich Willkommen in deinem neuen Heim! Ok, bis es soweit ist, dauert es noch ein bisschen. Zunächst musst du einen Umzug planen und hinter dich bringen. Klingt anstrengend? Nicht mit diesem Buch! Egal, wie groß oder klein der Umzug ist, es gibt immer jede Menge zu organisieren: vom Transporter über Umzugshelfer bis hin zu Verpackungsmaterial. Aber das kann man wenigstens planen. Umzüge bergen jedoch grundsätzliches Chaos-Potenzial und unvorhergesehene Dinge: Da muss man plötzlich auf Knien den Boden schrubben, um Gummiabrieb zu beseitigen, Dübel in Wänden Halt geben, die eher die Konsistenz von Butter als von Beton haben, und Klebebandreste von teuren Möbeln entfernen.
Im Baumarkt deines Vertrauens findest du mit etwas Suchen wahrscheinlich für jedes deiner Probleme eine Lösung. Aber mitten im Umzugsstress hat man weder Zeit noch Nerv, täglich mehrmals in den Baumarkt zu fahren. Lifehacks hingegen kosten wenig bis gar nichts, weil du die meisten Dinge zu Hause hast, du sparst dir den Weg zum Baumarkt – und es macht einfach Spaß zu improvisieren!
In diesem Buch findest du 111 Tipps und Tricks, mit deren Hilfe du dich spielend einfach durch deinen nächsten Umzug hackst.

Einen super Umzug wünscht dir

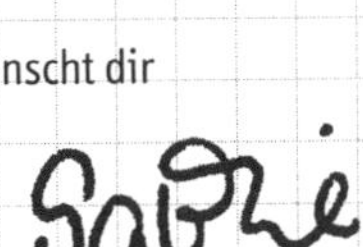

Planen & Organisieren

Kopfsache

1

Ein Umzug ist Stress pur. Um Unvorhersehbares zu vermeiden – nach Plan läuft es ja eh nie – gehst du am Tag vor dem Umzug am besten noch einmal alles gedanklich durch. Bereite alles vor, was irgendwie vorbereitbar ist.

Lukas
Emma

UMZUGSKARTON

Endlich die Traumwohnung gefunden? Dann nichts wie ans Einrichten! Allerdings muss man ja vorher noch den lästigen Umzug über die Bühne bringen ...
Da müssen Kartons gepackt, Umzugshelfer organisiert und Vorkehrungen für den Umzugstag getroffen werden. Und das am besten so, dass alles heil ankommt und dir nicht den letzten Nerv raubt. Alles halb so schlimm: Dank der Lifehacks in diesem Kapitel lässt sich dein Umzug stressfrei organisieren und durchführen.

Wer mag, stellt sich einen Wecker mit der entsprechenden Zeit.

2

Aller Anfang ist schwer

Kisten packen, Nachsendeauftrag beantragen, Umzugshelfer organisieren – die Umzugsplanung kann einen schnell überfordern. Und je größer der Berg, desto schwerer fällt es, ihn anzugehen. Denke deswegen in kleinen Schritten und nimm dir für den Anfang, wenn der Umzugstag noch in weiter Ferne ist, täglich 15 bis 30 Minuten Zeit, in denen du dich auf ein Thema konzentrierst, sei es das Aussortieren einer Badezimmerschublade oder das Beantragen deines neuen Telefonanschlusses.

Jetzt wird's bunt

3

Damit du später nicht selbst die schweren Bücherkisten aus dem Schlaf- ins Wohnzimmer schleifen musst, beklebe all deine Kisten mit farbigen Klebepunkten: Rot für das Wohnzimmer, Blau für das Badezimmer usw. An die Zimmertüren klebst du ebenfalls die entsprechenden Farbpunkte. So wissen deine Helfer genau, in welchen Raum welche Kiste gehört.

Noch mehr farbliche Orga gefällig? Dann schau dir den nächsten Hack an.

4

Mit System

Damit deine fleißigen Helfer nicht erst im Wohnzimmer feststellen, dass die schwere Schranktür eigentlich ins Schlafzimmer gehört, bringst du am besten schon am Eingang einen Grundriss von der Wohnung an. Markiere jeden Raum mit einer eigenen Farbe. Mit entsprechenden Klebepunkten kannst du dann die jeweiligen Möbelstücke markieren.

Farbige Klebepunkte bringen Ordnung in dein System.

Raumplanung für Clevere 5

Wo kommt der Schaukelstuhl hin? In welche Ecke soll der Küchentisch gestellt werden? Erspar dir solche und andere Fragen deiner fleißigen Helfer, indem du für jedes Möbelstück ein entsprechendes Stück Papier an die vorgesehene Stelle im Raum klebst. Das macht zwar vorher etwas Arbeit, da du dir genau überlegen musst, wo du welches Möbelstück hinhaben möchtest, hinterher wirst du aber dankbar sein!

Damit du frühzeitig mit der Raumplanung beginnen kannst, lass dir von deinem Vermieter den Grundriss deiner neuen Wohnung geben.

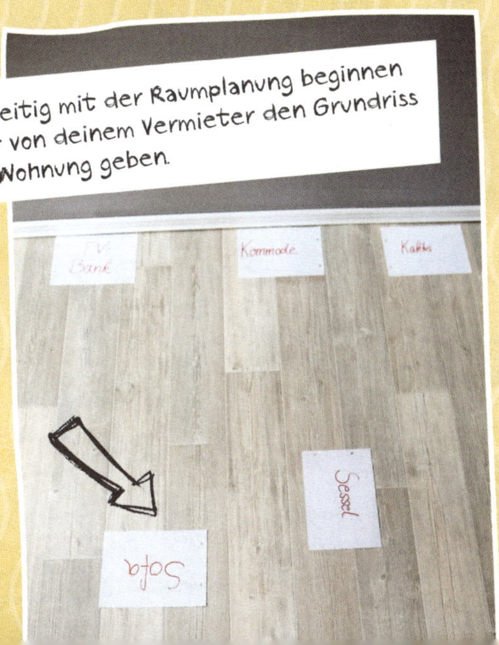

6

SCHNELLER SCHLÜSSELWECHSEL

Es ist jedes Mal ein ziemliches Rumgefrickel, an einem Schlüsselring einen Schlüssel durch einen anderen zu ersetzen. Um deinen neuen Wohnungsschlüssel zu befestigen, benutzt du einfach einen Heftklammerentferner, den du zwischen die Ringe schiebst. Ring aufbiegen und Schlüssel entnehmen oder einfügen.

Dank einem Enthefter gehören abgebrochene Fingernägel der Vergangenheit an!

Wie du mit deinen alten Sachen Geld verdienst, erfährst du in Hack 14.

7

ALTES AUSRANGIEREN

Sortiere direkt beim Kistenpacken alles aus, was nicht mehr benötigt wird. So ersparst du dir den unnötigen Transport in deine neue Wohnung.

Erstellst du die Listen nicht analog sondern digital per Excel-Liste, findest du noch schneller den gesuchten Gegenstand.

8

ALLES IM BLICK

Listen helfen dir, den Überblick über den Inhalt deiner Umzugskisten zu behalten. Nummeriere Kartons und Listen mit fortlaufenden Nummern. Notiere alle Gegenstände, die du in den jeweiligen Karton packst, auf der dazugehörigen Liste, und hefte diese Liste in einen Schnellhefter.

Unbedingt an das Loch im Boden der Flasche denken. Nur so kann Luft nachströmen.

Pflanzenretter

9

Damit deine Pflanzen während des Umzugs nicht vertrocknen, kannst du sie mit einem Wasserreservoir versehen. Dazu in den Boden und den Deckel einer PET-Flasche ein Loch von ca. 1 mm bohren, die Flasche mit Wasser füllen und kopfüber in den Pflanzentopf stecken.

SURVIVOR-BOX

10

Für Verbandsachen und Pflaster solltest du eine extra Plastik-Notfallbox benutzen.

Alltagsgegenstände für die ersten Tage wie Zahnbürste, Kleidung, Duschutensilien, Medikamente, Handtücher, Handyladekabel usw. kannst du in eine durchsichtige Plastikbox packen. Diese hat den Vorteil, dass man schon von außen sieht, wo was ist, und im Notfall ist der Inhalt vor Wasser geschützt.

11 Ab in den Korb

Während eines Umzugs werden manche Gegenstände sowohl in der alten als auch in der neuen Wohnung benötigt. Körbe schaffen Abhilfe. Einfach in der alten Wohnung die benötigten Dinge in die Körbe packen und mit in die neue Wohnung nehmen. Abends schnell wieder einpacken. Fertig.

Für den schnellen Transport eignen sich Körbe im Auto, weil diese nicht so sperrig wie Kisten sind.

Tipp für Streber: Nach Räumen einsortierte Bedienungsanleitungen beschleunigen die Suche noch mehr.

12

Alles in Ordnern

Nach einem Umzug musst du einige Geräte neu installieren. Gut, wenn du bereits vor dem Umzug alle Bedienungsanleitungen in einem Ordner sammelst. Aufbewahrt in Klarsichtfolien, sind sie dann auch noch vor Schmutz und Wasser geschützt. So kannst du direkt am ersten Abend vor dem Fernseher abschalten!

13

Beweis-Foto

Diskussionen um Schäden im Treppenhaus und in der Wohnung gehören zu den nervigsten überhaupt. Fotografiere deshalb deine neue Wohnung im leeren Zustand vor deinem Einzug. Dokumentiere insbesondere Schäden vom Vormieter mit Einzelaufnahmen und schriftlich. Händige eine Kopie deiner Unterlagen an deinen Vermieter aus.

Denk auch daran, die Zählerstände von Strom und Wasser in beiden Wohnungen zu dokumentieren – schriftlich und visuell.

Spar dir die Kohle

14

Ein Umzug geht richtig ins Geld, da ist man um jeden gesparten Cent froh. Wie gut, dass du mit nicht mehr genutzten Gegenständen für zusätzliches Geld in deinem Portemonnaie sorgen kannst! Bücher lassen sich über Ankaufportale verkaufen, ungebrauchte Haushaltsgeräte über Kleinanzeigenportale und Kleidung über Kleider-Apps.

Der Spieß lässt sich natürlich auch umdrehen. Bei Internet-Gruppen lassen sich richtig gute Schnäppchen machen.

15 Auf gute Nachbarschaft

Sorge direkt für einen guten Eindruck, indem du dich noch vor dem Einzug bei deinen Nachbarn vorstellst. Beim Überreichen einer kleinen Nascherei lässt sich auch problemlos der Umzugstag bekannt geben.

Auch nach dem Einzug ist es ein netter Zug, die Nachbarn zu einem kleinen Umtrunk einzuladen. Und wer weiß, wann man sich mal den Mixer ausleihen muss?

Am einfachsten und schnellsten lassen sich Etiketten mit einer Etikettiermaschine herstellen.

16

NETTE ETIKETTE(N)

Etwas auszuleihen und nicht mehr zurückzubekommen ist superärgerlich. Im Umzugstrubel vergisst man aber schnell, wem was gehört hat. Versieh deshalb alle Dinge, die du dir ausleihst, mit Namensetiketten.

17 HIT-LIST

Listen helfen dir dabei, die Übersicht darüber zu behalten, was alles erledigt werden muss. Leg für jeden Themenkomplex eine eigene Liste an und geh diese dann Punkt für Punkt durch. Klingt zwar mühsam, ist aber besser, als am Umzugstag festzustellen, dass du etwas Wichtiges vergessen hast.

Leg dir Listen zum Thema Ummelden, Kündigen, zu verkaufen/verschenken, Umzugsunternehmen usw. an.

DEIN EIN UND ALLES

Sorge am Umzugstag dafür, dass deine Werkzeugkiste das Letzte und das Erste ist, was du ein- bzw. auspackst.

18

Achte auch darauf, dass sie vollständig und der Akkubohrer aufgeladen ist.

Notizen ...

Es ist erstaunlich, was es bei einem Umzug alles zu planen gibt. Wusstest du, dass Profis dazu raten, 3 Monate vor dem Umzug mit der Planung zu beginnen? Das ist leider nur selten möglich, aber die Zeitraffer-Version gelingt dir auch so, wenn du dich mithilfe der Listen-Hacks auf Seite 14 und 23 im Vorfeld gut sortierst.

Verpacken & Transportieren

19 Transport-Hilfe

Auch wenn du deinen Umzug auf eigene Faust machst, kannst du dir viel von den Profis abschauen. Benutze zum Transport von Umzugskisten Möbel- oder Pflanzenroller. Die können bis zu 200 kg aushalten und somit leicht 3-4 Kisten auf einmal. Mit einer Sackkarre lassen sich Kisten sogar die Treppen „runterrollen".

KÜCHE
KRAM
BÜCHER

kamera
Akku
Handy

Endlich alles fertig geplant, jetzt geht's ans Eingemachte: Kisten packen, Möbel transportfertig verpacken und Bilder, Spiegel und Pflanzen schützen.

Damit du in deiner neuen Bleibe nicht vor einem Scherbenhaufen stehst, lies dir die Hacks 24, 35, 37, 38, 39 und 48 gut durch. Aus Bettlaken werden außerdem im Handumdrehen Matratzenschoner, während Pflanzenroller die Schwerarbeit übernehmen.

20

THE BARE NECESSITIES

Beim Kistenpacken sind Schere, Stift, Kreppband, Klebepunkte, Säcke, Etiketten und dein Listen-Schnellhefter deine ständigen Begleiter. Wie praktisch, wenn alles an einem festen Ort ist. Gib regelmäßig benötigte Gegenstände in ein Körbchen, das du leicht von Zimmer zu Zimmer tragen kannst.

Hack 11 verrät dir, wozu du einen Korb außerdem gut gebrauchen kannst.

21 Haltgebend

Damit Besteck nicht haltlos in deinen Kartons rumfliegt, kannst du es mit Kabelbinder umwickeln.

Alte Blumenvasen eignen sich perfekt, um Besteck platzsparend und sicher zu transportieren.

Let it roll 22

Schwere Bücherkisten gehören zu den unbeliebtesten Tragesachen überhaupt, selbst wenn sie nicht bis zum Anschlag voll sind. Bücher lassen sich rückenfreundlich transportieren, wenn du sie anstelle von Kartons in Rollkoffer packst.

Auch schwere Küchenvorräte wie etwa Konservendosen lassen sich mit einem Trolley ganz einfach transportieren.

Es gibt hohle und gefüllte Schwimmnudeln. Wenn du nur eine gefüllte hast, aber eine hohle benötigst, kannst du sie mit einem Cutter oder einem Löffel aushöhlen.

23 Kratzschutz

Mit einer Poolnudel kannst du deine Bilderrahmen ganz leicht vor Kratzern und Erschütterungen schützen. Schneide die Poolnudel in entsprechend breite Stücke. Mach mit einem Cutter einen Längsschnitt in die Poolnudel-Stücke und stecke diese auf deine Bilderrahmen.

24

Bruchsicher

Beim waagerechten Transport von Tellern geht gerne etwas zu Bruch – meist natürlich das Lieblingsgeschirr. Du kannst die Teller aber auch senkrecht in den Umzugskarton stellen. So verringerst du den Druck, der auf ihnen lastet, und sparst auch noch Platz.

Wie sich Teller noch schneller und sicherer einpacken lassen, erfährst du auf Seite 45.

Es ist erstaunlich, wie viel Zeit du mit dem Ein- und Auspacken von Kleidern verschwendest. Hängende Kleider lassen sich mit Plastiksäcken viel schneller packen. Plastiksack auffalten, von unten über die Kleider ziehen und oben zusammenbinden. In der neuen Wohnung musst du die Kleider nur wieder auf die Stange hängen und die Säcke abstreifen.

Eingesackt

25

So sind deine Kleider geschützt und im Transporter können sie noch als Füllmaterial genutzt werden.

FÜLLMATERIAL

Handtücher, Socken, Bettlaken, Decken etc. können viel Platz wegnehmen. Auch bei diesen Sachen musst du dir nicht die Mühe machen und alles extra einpacken. Benutze sie als Füllmaterial oder um leicht zerbrechliche Gegenstände darin einzuwickeln.

26

Pack dir ein Kleider-Notfallset für die ersten Tage. Dann kannst du erst mal in aller Ruhe Kisten auspacken.

27 Nie wieder Kabelsalat

Bevor du alle Kabel in eine Box wirfst, einen riesigen Kabelsalat verursachst und dann nicht mehr weißt, welches Kabel zu welchem Gerät gehört, verstaust du deine Kabel am besten in leeren Klopapierrollen und beschriftest diese.

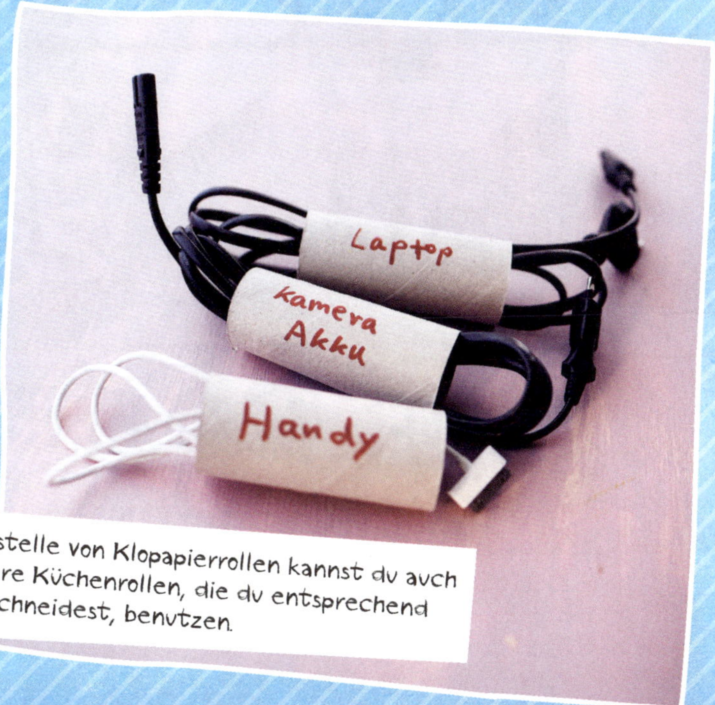

Anstelle von Klopapierrollen kannst du auch leere Küchenrollen, die du entsprechend zuschneidest, benutzen.

Wie du den Überblick über den Kisteninhalt behältst, erfährst du in Hack 8.

28 Alte Rolle

Die Kiste ist endlich fertig gepackt, jetzt geht's ans Zukleben. Nur dumm, wenn du das Klebeband zuletzt bei deinem Umzug vor zehn Jahren benutzt hast und es nicht mehr klebt. Hier kannst du einfach Abhilfe schaffen: Gib die Rolle für fünf Minuten in die Mikrowelle.

29

Ab in die Kiste?

Wer sagt eigentlich, dass alles immer in Umzugskartons gepackt werden muss? Wäsche- oder Einkaufskörbe eignen sich perfekt als Ersatz für Umzugskisten.

Was du noch als Kistenersatz nehmen kannst, erfährst du in Hack 20 und 22.

Schneide links und rechts jeweils ein handgroßes Loch zum besseren Tragen der Kiste.

30

SCHNÄPPCHEN-JAGD

Mit rund 2,99 Euro pro Stück sind Umzugskartons nicht gerade ein Schnäppchen. Je nach Bedarf können da schnell 40 Euro und mehr zusammenkommen. Verpackungskisten sind eine günstige Alternative. Frag einfach mal im Elektrogeschäft deines Vertrauens nach nicht mehr benötigten Kartons.

31

WRAP IT UP!

Gibt es in deiner Küche auch eine Krimskrams-Schublade? Du kannst es dir sparen, diese Schublade auszuräumen. Benutze einfach die Schublade selbst als Transportmittel. Damit der Inhalt nicht herausfällt, kannst du sie mehrfach mit Frischhaltefolie umwickeln.

Was du noch alles mit Frischhaltefolie machen kannst, verraten dir die Hacks 73 und 80.

STACHEL-SCHUTZ 32

Kakteen sind stachelige kleine Biester. Damit du und deine Umzugshelfer vor stacheligen Erfahrungen geschützt seid, kannst du deine kleinen Schönheiten mit Luftpolsterfolie umwickeln.

Bei einem Umzug im Winter ist Noppenfolie bestens geeignet, um Pflanzen vor Frostschäden zu schützen.

33 T-SHIRT-SCHNUR

Um buschige oder große Pflanzen zusammenzubinden, kannst du Schnüre aus alten T-Shirts herstellen. Schneide dazu einfach alte Shirts in Streifen und binde große Pflanzen damit zusammen. Zieh den Streifen in die Breite, bevor du ihn um die Pflanze wickelst.

Einen Hack zum Transport deiner Kakteen findest du links.

Statt eines Plasticksacks kannst du auch einen Wäschesack benutzen – der Umwelt zuliebe.

34 PFLANZEN-SACK

Stülpe einen blauen Plastiksack um den Topf und binde ihn über der Pflanzenerde zusammen, am besten am Pflanzenstamm. Sei vorsichtig, dass du den Stamm nicht beschädigst. Falls der Topf umkippt, fällt so keine Erde heraus, und dein Transporter oder Auto bleiben sauber.

35

Schneller Teller

Damit du nicht jeden Teller einzeln in Zeitungspapier einwickeln musst, um ihn vor Schäden zu schützen, lege zwischen jeden Teller einen Papierteller.

Nach dem Auspacken kannst du die Papierteller direkt für deine Einweihungsfeier benutzen.

Schmucker Eierkarton 36

Eierkartons sind eine super Transportbox für deine Ringe, Ketten und Ohrstecker. Teile einfach deinen Schmuck auf die einzelnen Fächer auf. Wenn du alles eingefüllt hast, leg zum sicheren Transport etwas Watte auf den Schmuck. Nun den Deckel noch mit Klebeband oder einem Haushaltsgummi fixieren, und deinem Schmuck kann nichts passieren.

Hübsch gestaltet, bieten Eierkartons auch nach dem Umzug noch eine schöne Alternative als Schmuckschatulle.

SPIEGLEIN, SPIEGLEIN

37

Wenn du beim Öffnen deines Umzugswagens nicht vor einem Scherbenhaufen stehen willst, kannst du ganz einfach vorbeugen: Klebe zwei Kreppbandstreifen in Form eines X auf deinen Spiegel. Sollte er trotz aller Vorsichtsmaßnahmen zerbrechen, verhinderst du so zumindest, dass sich die Scherben im ganzen Auto verteilen.

Wie du einen Spiegel am sichersten einpackst, erfährst du auf Seite 48.

38 Flaschen-Taschen

Mit Weintaschen kannst du Ölflaschen, Vasen oder Gläser sicher verpacken und dann in den Umzugskarton geben.

So kannst du Gastgeschenkverpackungen deiner letzten Party weiterverwenden.

39

In vino veritas

Öl- oder Weinflaschen brauchen einen besonders sicheren Umzugskarton. Im Handel gibt es entsprechende Verpackungen, die aber extrem teuer sind. Frag im Weinladen deines Vertrauens nach, ob sie dir für kleines Geld den einen oder anderen Flaschenkarton überlassen.

Kennzeichne alle Kartons mit zerbrechlichem Inhalt unbedingt mit „Vorsicht zerbrechlich".

GANZ SCHÖN SCHARF 40

Viele Küchenmesser sind so scharf, dass es gefährlich wäre, sie einfach nur in Zeitungspapier einzuwickeln und in den Umzugskarton zu legen. Zwei Fliegen mit einer Klappe schlägst du, wenn du deine eingewickelten Messer in einen Ofenhandschuh steckst und dann erst in den Umzugskarton gibst. Beim Auspacken lassen sich die Messer als Gesamtpacket aus dem Karton nehmen.

Ofenhandschuhe sind übrigens auch das perfekte Transportmittel für zerbrechliche Gegenstände wie Blumenvasen.

Wie du deine Bilder mit Poolnudeln schützen kannst, erfährst du auf Seite 33.

41

Pinsel-Halter

Du bist erfolgreich umgezogen, und jetzt geht's ans Streichen? Deinen Bildschutz-Poolnudeln kannst du ein zweites Leben einhauchen. Schneide auf der gegenüberliegenden Seite des Längsschnittes waagerechte Schnitte. Stecke nun die Poolnudel mit der Längsschnittseite auf deinen Farbeimer. Beim Streichen kannst du jetzt deine Pinsel in die waagerechten Schnitte drücken, wenn sie gerade nicht gebraucht werden.

Was für einen Umzug gut ist, muss für den Küchenschrank nicht schlecht sein. Eine hübsch gestaltete Chips-Dose ist ein super Ersatz für ein Spaghettiglas.

DOSEN-TRANSPORT 42

Deine Chips-Dose ist leer? Wirf das gute Stück auf keinen Fall weg. Sie ist die perfekte Transportbox für deine angebrochene Spaghettipackung.

Rückenschonend

43

Kistentragen geht ziemlich in den Rücken. Um den zu entlasten, kannst du dir zumindest in der Wohnung die Tragerei sparen: Gib schwere Sachen einfach auf eine Wolldecke und ziehe sie hinter dir her.

Funktioniert mit Kisten genauso gut wie mit schweren Farbeimern.

So hast du eine saubere Matratze und kannst direkt nach dem Umzug ins wohlverdiente Bett fallen.

44

MATRATZENSCHONER

Um deine Matratze sauber von der alten Wohnung in die neue zu transportieren, funktioniere einfach zwei Spannbetttücher zu Matratzenschonern um. Spanne eins wie gewohnt von oben über die Matratze. Beim Rausheben am Umzugstag spannst du das andere Bettlaken über die Unterseite.

45

Unter einer Decke

Wolldecken gehören zu den Must-haves eines jeden Haushalts. Damit sie nicht unnötig Platz in Kisten verbrauchen, kannst du sie super als Möbelschutz verwenden, um Kratzer zu vermeiden.

Was du noch alles mit Wolldecken machen kannst, erfährst du auf Seite 53 und 58.

Hochstapler 46

Das Einmaleins fürs Kistenstapeln: Große, schwere Kartons nicht auf kleine, leichte Kartons stellen, da die leichteren sonst einknicken und den Stapel zum Umfallen bringen. Stapel also zuerst die größeren und schweren Kartons in den Transporter und dann erst die kleinen und leichten.

Leichte Kisten mit der Aufschrift „Vorsicht zerbrechlich" immer zuoberst stellen.

Alles schnell in den Umzugswagen räumen und ab die Post? Kannst du machen, ist aber wenig effektiv. Platzsparender und sicherer ist das Einräumen mit System: Erst Umzugskartons, dann auseinander gebaute Möbel, gefolgt von sperrigen Möbeln und zum Schluss Haushaltsgeräte und Pflanzen.

Ordnung muss sein 47

Lücken unbedingt füllen, damit nichts verrutschen kann, z. B. mit Bettlaken, Decken oder Kleidersäcken.

Bitte anschnallen 48

Wenn wichtige Einzelstücke wie der geerbte Spiegel von Oma oder die Spiegeltür deines Kleiderschranks beschädigt werden, ist das doppelt ärgerlich, denn man kann sie nicht so leicht oder gar nicht ersetzen. Wickle zerbrechliche Teile daher unbedingt in Wolldecken oder Noppenfolie ein und sichere sie im Transporter mit Gurten.

Privat ausgeliehene Transporter haben manchmal keine Gurte mehr. Nimm in diesem Fall Gepäcktransporter fürs Fahrrad.

Notizen ...

10.000 Sachen besitzt jeder Mensch im Durchschnitt, von den Schuhen bis zur Pfeffermühle (ohne Körner). Um deinen Bedarf an Umzugskisten zu ermitteln, kannst du einen Karton pro Quadratmeter Wohnfläche rechnen. Ausnahme: Bücher und Fotoalben, da diese schwerer sind und in kleineren Archivkartons besser zu tragen sind. Oder du schaust dir den Hack auf Seite 32 an.

Abbauen & Aufbauen

49

Ausgehängt

Bei manchen Möbelstücken wünscht man sich schon mal einen fliegenden Teppich. Statt aber gleich einen aufwendigen Flaschenzug zu organisieren, um das Sofa übers Fenster in die Wohnung zu hieven, kannst du es einfach mal mit Türaushängen versuchen. Sperrige Möbelstücke lassen sich dadurch in einem besseren Winkel durch die Tür transportieren.

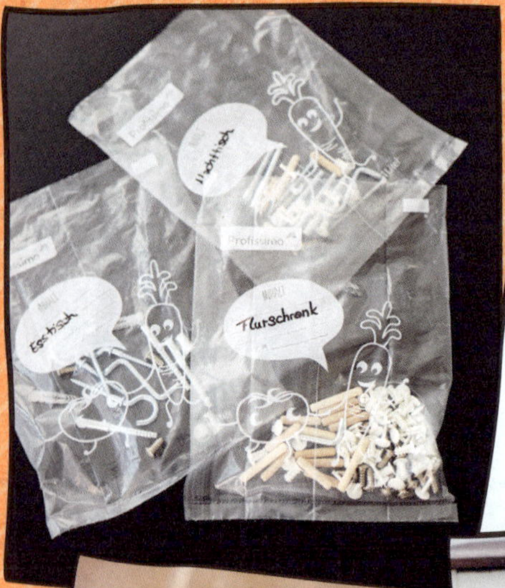
Profissimo
Esstisch
Flurschrank

Alles eingetütet und -gekistet, jetzt geht's an die sperrigen Sachen: Beim Möbelab- und aufbau ist dein handwerkliches Geschick gefragt oder das eines guten Helfers. Mit den Hacks in diesem Kapitel sind durchdrehende Schrauben, gerade Bohrlöcher und sperrige Türen nichts, was dir den Schweiß auf die Stirn treiben muss. Und selbst dein Daumen ist beim Hammern sicher!

50 Bunt gepunktet

Egal wie gut man etwas vorbereitet, es kann immer passieren, dass Teile von auseinander gebauten Möbeln in unterschiedlichen Räumen landen. Schranktüren lassen sich spielend finden, aber was ist mit Schrankrückwänden? Gehört die Rückwand zum Kleiderschrank A oder B? Am besten benutzt du wieder Klebepunkte. Das Prinzip ist das gleiche wie bei deinen Umzugskartons.

Achte darauf, möglichst andere Farben oder Formen zu nehmen, um dein Klebepunkt-System von Seite 10 nicht durcheinanderzubringen.

Schrauben und Co. sind gesellige Dinger. Deshalb wirft man sie zur Aufbewahrung gerne in eine große Box. Spätestens beim Zusammenbauen der Möbel stellt man dann aber fest, dass das nicht die allerbeste Idee war. Gefrierbeutel sind die deutlich bessere Wahl. Sammle Schrauben von auseinandergebauten Möbeln in separaten Beuteln und befestige den Beutel mit Klebeband an dem dazugehörigen Möbelteil.

Gut verstaut 51

Im Transporter kann sich der Beutel auch mal lösen. Beschrifte ihn deshalb vorsichtshalber. So weißt du später genau, zu welchem Möbelstück er gehört.

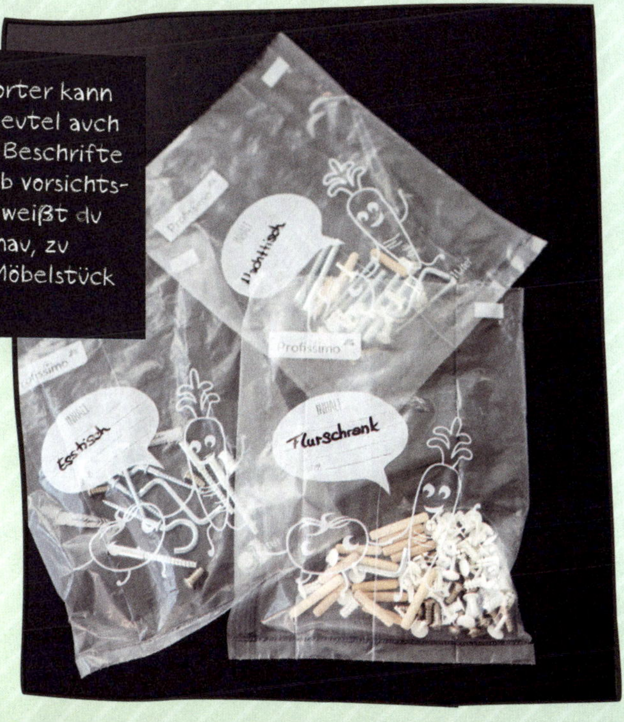

52 Überdreht

Am besten eignet sich ein Einmachgummi, die sind besonders breit und flach.

Wenn beim Auseinanderbauen deiner Möbel eine Schraube überdreht, weil der Schraubenkopf ausgefranst ist, leg ein dickes Gummiband zwischen Schraube und Schraubenzieher und dreh die Schraube wie gewohnt auf.

Auch in Zeiten von WiFi kommen elektronische Geräte nicht ohne Kabelverbindungen aus. Egal ob Monitorbildschirme oder Router, halte mit der Kamera deines Smartphones fest, wie einzelne Geräte durch Kabel miteinander verbunden sind. So weißt du beim Wiederaufbau der Geräte genau, wo welches Kabel hingehört.

Gedächtnisstütze

53

Wie du beim Transport Kabelsalat vermeidest, erfährst du auf Seite 37.

54

ABGEKLEBT

Du möchtest ein Loch in eine Fliese bohren, rutschst aber ständig ab? Befestige Klebeband kreuzweise über der angezeichneten Stelle und bohre mit einem kleinen Bohrer vor. So kannst du mit dem passenden Fliesenbohrer problemlos ansetzen, ohne abzurutschen.

Benutze unbedingt einen Fliesenbohrer und starte immer mit niedriger Geschwindigkeit.

55

Dübel-Hilfe

Ist das Loch beim Bohren größer geworden als gewollt und der Dübel findet keinen Halt, kannst du dir mit einem Schaschlikspieß behelfen. Schneide diesen auf die Größe des Dübels zu, stecke den Dübel in die Wand und dann ein Stück des Schaschlikspießes. Falls noch ein weiteres Stück benötigt wird, lässt sich dieses mithilfe eines Hammers vorsichtig ins Bohrloch „hämmern".

Der Hack ist eher etwas für Leichtgewichte wie eine Gardinenstange. Dübel für Hängeschränke unbedingt professionell befestigen!

56 DAUMEN-SCHUTZ

Schon mal beim Nageleinschlagen versehentlich den Daumen getroffen? Keine Gefahr für deine Finger besteht, wenn du zum Halten des Nagels eine Wäscheklammer benutzt.

Funktioniert auch mit einem Kamm oder einer spitzen Zange.

Achte darauf, dass Plastikteile nicht mit der Säure in Verbindung kommen, da diese beschädigt werden könnten.

57

ALLES IN ESSIG

Um verrostete Regalschrauben wieder fit zu machen, einfach Essigessenz auf ein Stück Küchenkrepp geben und die Schrauben darin einwickeln. Mehrere Stunden einwirken lassen.

Schrauben-Schreck 58

Der Kleiderschrank soll wieder zusammengebaut werden und Schrauben & Co. tummeln sich kunterbunt im Beutel? Sortiere Kleinteile in eine Muffinform. Mit einem Griff hast du so genau das Teil, das du brauchst.

Wie du Schrauben & Co. sicher verwahrst, erfährst du auf Seite 65.

Tennisball-Wellness 59

Umzüge sind Stress pur, besonders für deinen Rücken. Schnelle Abhilfe schafft ein Tennisball: Stell dich mit dem Rücken zur Wand und platziere den Tennisball zwischen Rücken und Wand. Nun mit den Beinen leicht in die Hocke gehen, als wolltest du dich setzen.

So bekommt dein Rücken die wohlverdiente Massage.

60

ALLES AM GRIFF

Noch einen Magnetband-Hack findest du auf Seite 128.

Nimmst du auch Nägel in den Mund, wenn du ein Bild an der Wand befestigen willst? Befestige lieber einen schmalen Streifen Magnetband oben an deinem Hammergriff. Jetzt hast du die Nägel immer in Reichweite.

61 Fest im Griff

Damit dir der Hammer nicht mehr aus der Hand rutscht, befestige einfach ein paar Gummiringe am Griff.

Nägel lassen sich einfacher entfernen, wenn man sie vor dem Herausziehen etwas zur Seite biegt.

Wie man ohne Abrutschen auf glatten Oberflächen bohrt, erfährst du auf Seite 68.

62 Wandpflaster

Gerade in Altbauwohnungen kann es ganz leicht passieren, dass beim Anbringen eines Nagels oder einer Schraube der Putz von der Wand bröckelt. Damit deine Wand beim Verschönern keinen Schaden nimmt, kleb vorher ein Stück Kreppband auf die entsprechende Stelle.

63 Lass stecken

Du willst deine Regale wieder genau so einrichten wie vorher? Lass einfach die Regalbodenträger stecken und klebe sie mit einem Stück Klebeband fest. Nach dem Zusammenbau einfach das Klebeband wieder abziehen, Einlegeböden drauflegen, fertig!

Wie du altes Klebeband wieder fit machst, erfährst du auf Seite 38.

64

Spot on

Lampen mittig über dem Tisch anbringen? Eine Qual. Mit diesem Hack geht das ganz einfach: Platziere an der Stelle des Tischs, auf die der Lichtkegel der Lampe fallen soll, eine Taschenlampe. Schalte die Taschenlampe ein und an der Decke erscheint der Punkt, an dem die Lampe befestigt werden muss.

Hat deine Lampe mehrere Lichtquellen, nimm immer die mittlere als Anhaltspunkt.

BODEN-SCHUTZ 65

Du willst nicht schon beim Einzug den Boden zerkratzen? Leg Malervlies auf Böden, die anfällig für Kratzer sind, wie Laminat- oder Holzböden. So kannst du die Möbel einfach über die glatte Oberfläche schieben oder mit dem Vlies ziehen, statt sie mühsam zu schleppen.

Vorsicht bei frisch gebohnerten Böden: Wenn du Kisten zu lange stehen lässt, gibt das unschöne Abdrücke.

HEIMWERKER-JEANS 66

Aus einer alten Männerjeans machst du im Handumdrehen ein Utensilo für Hammer & Co. Schneide dazu die Beine unterhalb der Gesäßtaschen ab. Danach entfernst du das Vorderteil, indem du zunächst entlang der äußeren Seitennähte und dann waagerecht am Bund entlang schneidest.

Perfekt für Leiter-Akrobatiker: So hast du alles griffbereit, und die Hände bleiben frei.

Auch ein Pappbecher leistet dir beim Bohren gute Dienste. Welche, erfährst du auf Seite 101.

67

LÄNGENMARKIERUNG

Löcher in der Wand können schnell tiefer werden als gewünscht. Mit einem Klebeband markierst du die Länge des Dübels auf dem Bohrer.

Notizen ...

Damit dir nicht erst beim Wiederaufbau deiner Möbel auffällt, dass du beim Abbau gedankenlos alle Schrauben in ein Behältnis geworfen hast und nun nicht mehr weißt, welche Schraube zu welchem Schrank gehört, schau dir Hack 51 an. Und wer keine Lust auf abbröckelnden Putz beim Löcherbohren (Seite 76) oder zerkratzte Böden (Seite 79) hat, findet in diesem Kapitel Hilfe.

Sauber & Ordentlich

68 Socken-Zauber

Bei Umzügen findet man Staub an ungeahnten Stellen. Mit einer alten Socke wird deine Wohnung superschnell wieder zur staubfreien Zone: Zieh die Socke einfach über die Hand und los geht's. So kommst du selbst in die hintersten Ecken.

Der Umzug liegt hinter dir und eigentlich möchtest du nur eins: Deine neue Wohnung zu einem behaglichen Nest umgestalten. Leider müssen aber in der alten Wohnung noch Bohrlöcher verputzt und Kratzer im Holzboden weggemacht werden. Zum Glück findest du in diesem Kapitel viele hilfreiche Tipps, die deine Probleme im Handumdrehen in Luft auflösen. Probier doch einfach mal den Pappbecher-Hack auf Seite 101, um Bohrstaub aufzufangen, oder Alufolie gegen verschmutzte Farbwannen auf Seite 94.

DRUCKSTELLEN ADÉ

Nasse Füße, weil du versehentlich über die feuchte Stelle gelaufen bist, verhinderst du, indem du den Hack über Nacht anwendest.

69

Möbel oder Blumentöpfe hinterlassen oft unschöne Druckstellen auf dem Teppich. Damit sich die Teppichfasern wieder aufstellen, leg Eiswürfel auf die Stelle. Optimalerweise entspricht die Menge der Eiswürfel der Fläche der Druckstelle. Sind die Eiswürfel geschmolzen und die Stelle getrocknet, stellen sich die Teppichfasern wieder auf.

MAGISCHE NÜSSE 70

Deine Holzmöbel haben trotz Wolldecken-Schutz Kratzer abbekommen? Walnusskerne schaffen Abhilfe. Reibe die Schramme einfach mit einem Walnusskern ein. Dabei setzen sich kleine Walnusspartikel in den Kratzer und er verschwindet.

Tiefe Kratzer lassen sich perfekt mit Reparaturwachs auf dem Baumarkt beheben.

Selbst ist die Frau

Noch besser funktioniert der Hack mit Damenbinden.

71

Du hast keinen Malervlies da, um unschöne Kratzer auf dem Boden zu vermeiden? Kein Problem: Kleb an jedes Möbelbein eine Slipeinlage und schieb das Teil an die gewünschte neue Stelle.

GANZ ENTSPANNT

72

Das Schlafzimmer ist frisch gestrichen und schaut super aus. Leider hilft aber auch ausgiebiges Lüften nicht, um den Farbbgeruch zu vertreiben. Mit einem Schaschlikspieß, ein paar Tropfen Lavendelöl und einem hohen Gefäß duftet dein Schlafzimmer bald wunderbar entspannend.

Fürs Wohnzimmer kannst du auch anregende Düfte wie Orange oder Eukalyptus nehmen.

Leg ein Wattepad oder eine Wattekugel in deine Puderdose, damit dieser nicht zerbricht.

AUSLAUF-MODELL 73

Eben mal schnell Duschgel, Shampoo, Gesichtslotion & Co. in die Umzugskisten gepackt? Nur doof, wenn du beim Auspacken feststellst, dass die Flaschen ausgelaufen sind. Decke die Öffnung deiner Pflegeprodukte mit Frischhaltefolie ab, indem du den Deckel abschraubst, die Folie darüberlegst und den Deckel wieder aufschraubst.

Pasta für die Wand

74

Löcher von der Größe eines Nagels lassen sich mit einem Klecks (weißer!) Zahnpasta schließen.

Auch mit einem Stück Seife lassen sich kleine Löcher ganz einfach schließen.

Wasserspar-Programm

75

Auch eine Plastiktüte oder Frischhaltefolie eignen sich als Wannen-Schutz.

Um beim Streichen Wasser zu sparen, kannst du die Farbwanne mit Alufolie auslegen. Dann brauchst du nur noch die Folie mit den Farbresten fachgerecht entsorgen.

Gummisohlen hinterlassen gerne hässliche schwarze Streifen auf dem Boden. Damit du nicht auf allen Vieren durch die Wohnung robben musst, um die Streifen wegzuschrubben, kannst du einen Tennisball aufschneiden und auf einen Stil stecken. Nun mit dem Ball kräftig über die Stelle reiben und die Streifen „wegradieren“.

Streifenalarm

76

Nicht jeder hat einen Tennisball zu Hause. Mit einem handelsüblichen Radiergummi lassen sich schwarze Streifen ebenfalls entfernen.

77

Lochfüller

Große Löcher in der Wand beseitigst du, indem du zusammengeknülltes Küchenkrepp in das Loch steckst, dieses mit einem Holzstäbchen tief in die Wand schiebst und das Ganze dann mit einem Gemisch aus Backpulver und Flüssigkleber zuspachtelst. Dafür ein Päckchen Backpulver und einen Klecks Flüssigkleber vermischen. Die Masse darf nicht zu flüssig sein.

Alle benutzten Utensilien müssen direkt nach der Benutzung gereinigt werden.

O Schreck ein Fleck

78

Dein Fahrrad hat an der Hausflurwand unschöne Spuren hinterlassen, die du vor der Wohnungsübergabe unbedingt beseitigen willst? Dazu brauchst du nur ein Mikrofasertuch, das du mit Wasser anfeuchtest, um deinen Zeigefinger wickelst und dann über die Spuren reibst.

Bevor du dir unnötige Mühe machst, schau lieber kurz in deinem Mietvertrag, ob die Renovierung deiner alten Wohnung überhaupt zu deinen Pflichten gehört.

Gib ein paar Spritzer deines Lieblingsparfum auf die Glühlampen in deiner Wohnung. Sobald du sie einschaltest, verteilt sich der Duft in der ganzen Wohnung.

79

Geruchsbefreiung

Wohnungsgerüche können verdammt hartnäckig sein, und besonders unangenehm sind die des Vormieters. Auf die Schnelle und obendrein supergünstig: Einfach getrocknete Früchtetee- oder Pfefferminzteebeutel in allen Räumen verteilen.

80

Eingewickelt

Klebeband eignet sich zwar bestens, um Schranktüren beim Umzug am Aufgehen zu hindern, es kann aber nach der Entfernung hartnäckige Kleberänder hinterlassen. Gerade bei empfindlichen Oberflächen ist die Entfernung der Rückstände nicht einfach. Benutze zum Verschließen von Möbeln deshalb lieber Frischhaltefolie. Wickel sie zur Sicherheit in mehreren Schichten um das Möbelstück.

Anstelle von vielen kleinen Rollen Frischhaltefolie kannst du dir auch eine große Rolle Stretchfolie im Baumarkt kaufen. Das ist günstiger.

81

Kalkfrei

Um hartnäckige Verkalkungen an Wasserhahn oder Duschkopf zu entfernen, lässt du die Teile in einer Mischung aus drei Esslöffel Zitronensäure und einem halben Liter Wasser einweichen. Festsitzende Teile reinigst du, indem du die Mischung in eine Plastiktüte gibst, die du mit einer Schnur an Wasserhahn & Co. befestigst.

Kalk greift Armaturen an und verkürzt deren Leben. Reinige sie am besten regelmäßig mit ein paar Spritzern Essig.

Du willst spontan eine Deckenhalterung anbringen, hast aber niemanden, der dir beim Bohren den Staubsauger hält? Ein Pappbecher schafft Abhilfe. Bohre mit einem spitzen Nagel ein kleines Loch in den Becherboden und stecke den Becher auf den Bohrer. Gegebenenfalls den Pappbecher in der Höhe kürzen oder einen langen Bohrer benutzen. Beim Bohren kann so der Staub in den Becher fallen.

DRECKFREI BOHREN 82

Beim Bohren an der Wand fängt ein in der Mitte gefaltetes und unter das Bohrloch befestigtes Post-it allen Schmutz auf.

83

DAMPFBAD

Wenn du beim Duschen in deiner neuen Wohnung feststellst, dass die letzte Reinigung der Badfliesen schon etwas länger her ist: Der beim Duschen entstehende Wasserdampf eignet sich perfekt, um nach dem Duschen schnell die Fliesen zu reinigen. Feucht sind sie schon, deshalb brauchst du nur noch trocken nachwischen.

!

Noch schneller geht das trocken Nachwischen mit einem Fensterwischer.

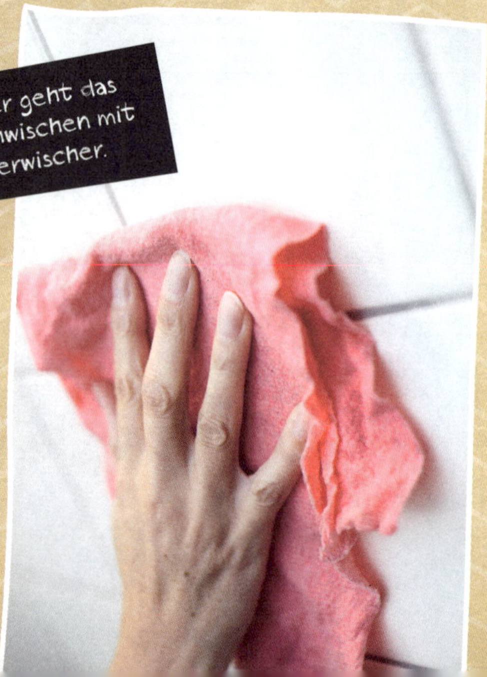

Greif bei Schimmel nur im Notfall zu chemischen Produkten. Versuche es vorher lieber erst mit Essigessenz. Aber Vorsicht bei Silikonfugen, die werden durch Essig angegriffen.

Damit auch die Fugen deines Badezimmers wieder strahlend weiß sind, rührst du dir eine dicke Paste aus Backpulver und Wasser an. Diese verteilst du mit einer Zahnbürste auf den Fugen und lässt sie eine gute Stunde einwirken. Sind die Fugen stark verschmutzt, hilft kräftiges Schrubben mit der Zahnbürste. Zum Schluss die Fugen gründlich feucht wischen und trocknen lassen.

84

STRAHLEND WEISSE FUGEN

85

Streifenfrei

Fenster streifenfrei zu wischen ist eine wahre Kunst. Bekommst du deine Fenster auf Anhieb nicht streifenfrei, weißt du mit dem Trick wenigstens, ob die Streifen außen oder innen sind und wo noch zu wischen ist. Dazu musst du nur das Fenster innen horizontal und außen vertikal abziehen.

Leicht zu schließende Fenster sind immer dicht, was Heizkosten spart. Damit das so bleibt, müssen Beschläge mindestens 1x im Jahr geölt werden.

Wellnessdusche für Pflanzen

86

Umzüge bedeuten einen riesigen Stress für Pflanzen. Bis sie ihren neuen Bestimmungsort gefunden haben, müssen sie oft viel ertragen. Baustaub, Farbflecken und Wassermangel tragen nicht gerade zum Wohlergehen bei. Gönne deinen Pflanzen doch mal eine Wellnessdusche. Dazu stellst du sie in die Badewanne oder Dusche und übergießt sie sanft mit lauwarmem Wasser. Mit einem weichen Tuch lassen sich Verschmutzungen leicht entfernen.

Der Trick ist nicht nur bei Umzügen gut. Viele Pflanzen sind dankbar, wenn sie hin und wieder eine kleine Wasserdusche bekommen.

Zieh unbedingt Hausschuhe an und schütze deine Hände.

87

UPPS, KAPUTT!

Beim Auspacken ist dir die Deko ist auf den Boden gefallen. Wenn gerade kein Staubsauger zur Hand ist, hilft nasse Watte, um kleine Splitter vom Boden aufzusammeln.

Notizen ...

Der Umzug ist geschafft, die Arbeit ist dadurch aber nicht wirklich weniger geworden. In der neuen Wohnung soll es schnellstmöglich behaglich werden, in der alten gibt es aber auch das eine oder andere, was noch getan werden muss. Bei der Wohnungsübergabe solltest du unbedingt Zählerstände von Wasser und Strom notieren und in einem schriftlichen Übergabeprotokoll dokumentieren. Tipps gegen schwarze Streifen auf dem Boden (Seite 95) und schmutzige Badezimmerfliesen (Seite 102) findest du hier.

Einrichten & Gestalten

88 Regal mit Wow-Effekt

Egal ob als Bücherregal, Küchenschrank oder Badezimmerregal - Weinkisten sehen immer super aus und sind eine kostengünstige Alternative. Um sicherzugehen, dass das Regal nicht kippt, stapelst du die Kisten nicht nur aufeinander, sondern verdübelst sie in der Wand.

TRICK 17
TRICK 17
TRICK 17
TRICK 17
TRICK 17
TRICK 17

Es ist soweit: Die Umzugskisten sind ausgepackt und die Möbel fertig aufgebaut. Dann kann der schöne Teil des Umzugs ja endlich beginnen: Das Einrichten und Neugestalten deiner Wohnung. Das Schöne: Mit ein bisschen Farbe und handwerklichem Geschick lassen sich auch deine betagten Möbel in wahre Eye Catcher umwandeln. Möchtest du die Gerüche deiner Vormieter schnellstmöglich vertreiben. dann probiere es doch mal mit Hack 79. Viel Spaß in deinem neuen Zuhause!

In der Nähe von Sicherungskästen verlaufen Stromleitungen, deshalb ist es ratsam, nur Nägel und keine Schrauben an der Wand anzubringen.

89

Bildversteck

Dein Flur ist endlich neu gestaltet, nur der hässliche Sicherungskasten stört. Das lässt sich das mit einem einfachen Trick verändern: Befestige einfach ein Bild über dem Kasten.

90

Mach Malpause

Du bist mit dem Wandstreichen noch nicht ganz fertig geworden oder bist dir nicht sicher, ob deine Wand nach dem Trocknen noch einen weiteren Anstrich benötigt? Einfach die Farbrolle in eine Plastiktüte geben und in den Kühlschrank legen. Das hindert die Rolle am Austrocknen.

Entferne vor der Reinigung der Walze so viel Farbe wie möglich und benutze zum Auswaschen der Rolle einen Eimer. Das spart Wasser und schützt die Umwelt.

Ziel: gerade

91

Schiefes Bild? Statt dem ewigen Gefrickel kannst du zum Aufhängen von Bildern Malerkrepp benutzen. Klebe einen Streifen Kreppband auf die Hinterseite des Rahmens und markiere den Abstand der Aufhängungen. Nun musst du nur noch den Malerkrepp abziehen und an der Wand anbringen.

Zum geraden Anbringen des Malerkrepps solltest du unbedingt eine Wasserwaage benutzen. Wenn du keine zur Hand hast, schau im App Store deines Smartphones nach.

Flecken erwünscht

92

Gib die Zahncreme nur auf flache Halteösen, aus Löchern lässt sie sich nur schwer entfernen.

Noch schneller hängt dein Bild, indem du auf der Rückseite des Bildes einen Klecks weiße Zahncreme auf die Halteösen gibst und den Bilderrahmen an die Wand presst. Die Zahncreme hinterlässt weiße Flecken und du weißt genau, wo Nägel oder Schrauben angebracht werden müssen.

Fülle eine Sprühflasche zu einem Drittel mit Weichspüler und fülle dann langsam mit Wasser auf. Nicht schütteln!

TAPETEN-WECHSEL 93

Die 50er-Jahre-Tapete vom Vormieter mag zwar Kultwert haben, aber zu deinem Stil passt sie nicht wirklich. Je nach Alter und Anzahl der Tapetenschichten kann Tapeten-Entfernen aber sehr zeitintensiv sein. Mit einem Gemisch aus Weichspüler und Wasser lässt sich die Tapete schneller entfernen und es riecht wunderbar frisch in der Wohnung.

94

Auf Augenhöhe

Als perfekt aufgehängt empfinden wir Bilder, die weder zu hoch noch zu niedrig hängen. Die durchschnittliche Augenhöhe liegt bei 1,60 Metern, am besten gehst du aber nach deiner Augenhöhe vor.

Jetzt wird's mathematisch: Ein Drittel des Bildes sollte oberhalb und zwei Drittel unterhalb der Höhe liegen, damit man die Höhe als angenehm empfindet.

95

Blickrichtung

Gefühlt suchen wir ja immer irgendetwas. Bei einem Umzug ist das noch öfter der Fall. Besonders Kleinkram ist sehr geschickt im Sich-Verstecken. Wenn du etwas suchst, schau von rechts nach links, das ist dein Gehirn nicht gewohnt und schärft deinen Blick.

Sich kurz mit etwas anderem zu beschäftigen, hilft ebenfalls beim Finden.

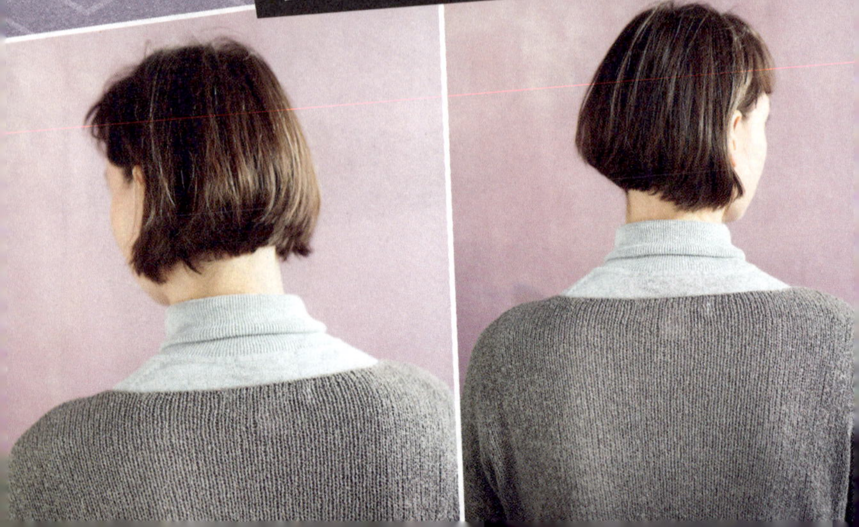

SCHICK ABHÄNGEN

96

Eine echte Alternative zu einem Kleiderschrank sind Kleiderstangen. Hänge aber nicht zu viele Kleider pro Stange auf, das sieht schnell unordentlich aus. Besser sind mehrere Stangen, die nach unterschiedlichen Farbtönen sortiert sind.

Auch sehr schön wirkt es, wenn die Stange mit einem Seil an der Decke angebracht ist. So bleibt unter deinen Kleidern auch noch genügend Platz für Kisten oder Ähnliches.

97 Hippes Bücherregal

Dein Bücherregal ist in die Jahre gekommen, aber viel zu gut erhalten, um es zu entsorgen. Mit etwas Farbe und einer hübschen Rückwand aus Tapeten kannst du ihm einen neuen Look verpassen. Im Baumarkt kommst du günstig an Tapetenmuster, frag einfach nach alten Katalogen.

Schön bedruckte Stoffe machen sich ebenfalls gut an einer Rückwand.

98

Bilderrahmen mal anders

Bilder und Postkarten setzen jede Wand schnell in Szene. Mit einem Rahmen aus Masking-Tape sieht es gleich noch schöner aus.

Wie du dein Bild gerade anbringst, erfährst du auf Seite 114.

Transparente Gardinen lassen mehr Licht durch das Fenster kommen, so wirkt jeder Raum gleich freundlicher.

99

Hoch gehängt

Ein niedriger Raum wirkt höher, wenn du bodenlange Vorhänge so hoch wie möglich hängst. Am besten bringst du die Stange fast unter der Decke an. Die langen Gardinen strecken den Raum optisch.

100

Streifenlook

Um Räume mit niedrigen Decken höher wirken zu lassen, kannst du auf einen Trick aus der Modewelt zurückgreifen: senkrechte Streifen.

Je niedriger oder kleiner dein Raum ist, umso heller sollte das Farbkonzept für den Raum sein.

Duftrein

101

Lufterfrischer sind sehr teuer, dabei lassen sie sich aus nur ein paar Zutaten im Handumdrehen selbst herstellen. Du brauchst 250 ml Weichspüler und 25 ml Alkohol (zum Beispiel Wodka). In eine Sprühflasche geben und im Raum verteilen.

Wie du sonst noch gute Gerüche in deine neue Wohnung bekommst, erfährst du auf den Seiten 91 und 98.

Reste-Sammlung 102

Wie du deine Farbrolle für Malpausen frisch hältst, erfährst du auf Seite 113.

Für kleine Nachbesserungen oder Reparaturen nach dem Streichen lohnt es sich, Farbreste aufzubewahren. Achte beim Aufbewahren von Dispersionsfarbe aber darauf, dass diese luftdicht verschlossen ist. Leere Marmeladengläser eignen sich dafür perfekt.

Beim Streichen der Wand verhinderst du unschöne Ansätze, indem du Fußleisten, Ecken und Fensterkanten nur so weit vorstreichst, dass sie nicht trocknen können, bevor die gesamte Fläche gestrichen wird.

103

ERST DIE DECKE

Damit beim Streichen der Decke keine Farbe auf die fertige Wand tropft, immer zuerst die Decke streichen. Anstelle der Farbwalze verwendest du an Ecken einen kleinen Pinsel.

104 IN THE MOOD

Ob Landhaus- oder doch lieber Hyggestil: Ein Mood Board hilft dir dabei, Ideen und Inspirationen für deine neue Raumgestaltung zu sammeln. Dafür brauchst du einen Kartonboden, auf dem du Stoffproben, Farbkarten, Tapetenproben, Zeichnungen, Fotos und Ähnliches anbringst.

Kein Grund, das Mood Board zu entsorgen, wenn du fertig mit der Raumgestaltung bist. Benutze es als stylishe Deko.

105 SCHÖN SCHARF

Sollen deine scharfen Messer scharf bleiben, verbannst du sie am besten aus der Schublade, denn dort reiben sie an anderen Besteckteilen und werden schnell stumpf. Befestige sie stattdessen lieber an einem selbstklebenden Magnetband an der Küchenwand.

Bring das Magnetband in der Nähe des Schneidebretts an, das spart Wege.

106

Auch Schals, Gürtel oder Krawatten können auf die Art ordentlich aufgehängt werden.

BH-BÜGEL

Ein Kleiderbügel und die Ringe von einem alten Duschvorhang ergeben eine 1A-Halterung für deine BHs.

OFFEN FÜR ALLES

107

Es gibt auch Regaleinsätze in verschiedenen Varianten. Damit du sie mit schweren Gegenständen belasten kannst, besorgst du dir am besten welche aus Metall.

Hübsches Geschirr ist viel zu schön, um ein Leben hinter verschlossenen Schranktüren zu führen. Übereinander gestapelte Holzkisten sind eine super Lösung, um auf der Arbeitsfläche deiner Küche dein hübsches Geschirr zu präsentieren und um gleichzeitig für mehr Stauraum zu sorgen.

108

Edles Eckregal

Du hast alte Stehsammler im Keller, die du nicht mehr brauchst? In deiner Lieblingsfarbe gestrichen oder mit hübschem Papier beklebt, machst du aus ihnen im Handumdrehen ein schickes Eckregal. Bohre in die Rückwand und die Unterseite Löcher und befestige sie mit Dübeln an der Wand.

Achte bei der Auswahl der Dübel darauf, wie stark du das Eckregal belasten willst. Verwende im Zweifel lieber einen Dübel, der mehr Gewicht aushält.

109

Schicke Sitzbank

Im Idealfall sortierst du vor deinem Umzug jede Menge Bücher aus. Das schafft Platz und macht so manches Bücherregal überflüssig. Es wegzuwerfen wäre aber viel zu schade. Musst du auch nicht, denn du kannst es stattdessen als schicke Sitzbank benutzen. In die Fächer kannst du Schrankkörbe oder Schuhe stellen – so hast du noch zusätzlichen Stauraum. Flache Kissen sorgen für bequemes Sitzen.

Holzfüße an der Unterseite bringen zusätzliche Höhe.

Spitze Gegenstände wie Gabeln sehen zwar toll aus, können aber ganz leicht deine Jacken beschädigen.

110 Brett-Garderobe

Altes Holz ist ein tolles Arbeitsmaterial. Oft benötigt es nicht einmal Farbe, weil es seinen eigenen Charakter mitbringt. Aus einem alten Holzbrett hast du in Kürze eine neue Garderobe gebaut. Als Haken kannst du Schrankknöpfe, Türklinken, Schubladengriffe oder auch Regenschirmgriffe benutzen. Deiner Fantasie sind keine Grenzen gesetzt.

HANDTUCH-LEITER 111

Du hast noch eine alte Holzleiter herumstehen? Stell sie einfach ins Bad, statt sie in den Keller zu verbannen. Als Handtuchhalter macht sie sich dort richtig gut, und sie muss nicht angeschraubt werden.

Wie wär's mit einer Lichterkette für deinen neuen Handtuchhalter?

Notizen ...

Kartons sind ausgepackt, Möbel stehen an der vorgesehenen Stelle. Jetzt muss sich nur noch ein Gefühl von Behaglichkeit einstellen. Unzählige Geschäfte locken mit bezaubernden Dingen, die sich ganz toll in deiner neuen Wohnung machen würden. Aber nicht alles muss neu gekauft werden: Upcycling heißt das Zauberwort. Gib Gegenständen, die du schon besitzt, einen neuen Look. Das spart Geld und liegt voll im Trend. In Hack 97 wird aus einem alten Bücherregal eine Sitzmöglichkeit, und Hack 106 verrät, wie übrig gebliebene Kleiderbügel weiterverwendet werden können.

Checklisten

Was vor dem Umzug gekündigt/umgemeldet werden muss:

- ☐ alte Wohnung (Kündigungsfrist beachten)
- ☐ Telefon und Internet
- ☐ Stromanbieter
- ☐ Zeitung und Zeitschriften
- ☐ Vereine
- ☐ Gruppen

Notizen

- ____________________
- ____________________
- ____________________
- ____________________
- ____________________
- ____________________
- ____________________
- ____________________
- ____________________
- ____________________

Was nach dem Umzug geändert/umgemeldet werden muss:

- ☐ KFZ-Zulassungsstelle
- ☐ Einwohnermeldeamt (2 Wochen beachten)
- ☐ Arbeitgeber
- ☐ Banken
- ☐ Krankenkasse
- ☐ Versicherungen
- ☐ Finanzamt
- ☐ Rentenversicherung
- ☐ GEZ

Notizen

- ____________________
- ____________________
- ____________________
- ____________________
- ____________________
- ____________________
- ____________________
- ____________________
- ____________________
- ____________________

Was vor dem Umzug getan werden muss:

- ☐ Mietvertag der neuen Wohnung unterschreiben
- ☐ Umzugstag festlegen
- ☐ Umzugshelfer organisieren
- ☐ Sonderurlaub bei Arbeitgeber beantragen
- ☐ Transporter rechtzeitig bestellen
- ☐ Ausmisten
- ☐ Handwerker zum fachgerechten Anschließen von Geräten organisieren
- ☐ Ablesetermine für Wasser, Strom, Gas und Fernwärme vereinbaren
- ☐ Verderbliche Lebensmittel aufbrauchen
- ☐ Kühl- und Gefrierschrank abtauen
- ☐ Nachsendeauftrag beantragen
- ☐ Akkubohrer aufladen
- ☐ Für ausreichend Werkzeug sorgen
- ☐ Erste-Hilfe-Box überprüfen und ggf. auffüllen
- ☐ Nachbarn über Umzugstag informieren
- ☐ Ersatzschlüssel bei Nachbarn deponieren

Notizen

- ____________________
- ____________________
- ____________________
- ____________________
- ____________________
- ____________________

Was nach dem Umzug getan werden muss:

- ☐ Termin für Wohnungsübergabe vereinbaren (ans Übergabeprotokoll denken)
- ☐ Endreinigung der alten Wohnung
- ☐ Treppenhaus der alten und neuen Wohnung reinigen
- ☐ Umzugskisten zur Weiterverwendung weitergeben
- ☐ Umzugshelfer zum Essen einladen
- ☐ Sich bei den neuen Nachbarn vorstellen
- ☐ Sich von den alten Nachbarn verabschieden
- ☐ Alle ausgeliehenen Dinge zurückgeben
- ☐ Ausruhen und neue Wohnung genießen

Notizen

- ______
- ______
- ______
- ______
- ______
- ______
- ______
- ______

REGISTER

HIER GIBT ES WEITERE LIFEHACKS IM POCKEZZ-FORMAT

978-3-7724-7921-2

978-3-7724-7922-9

978-3-7724-7923-6

978-3-7724-7924-3

978-3-7724-7925-0

978-3-7724-7926-7

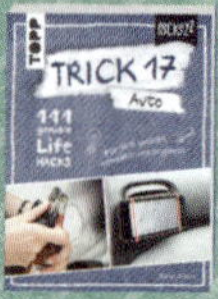

978-3-7724-7144-5

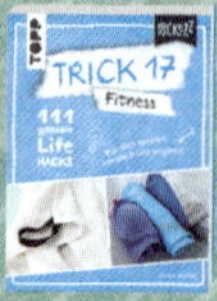

978-3-7724-7146-9

978-3-7724-7147-6

ENTDECKE AUCH DIE DICKEN BÄNDE MIT 222 LIFEHACKS

978-3-7724-7514-6

978-3-7724-7623-5

978-3-7724-7468-2

978-3-7724-6455-3

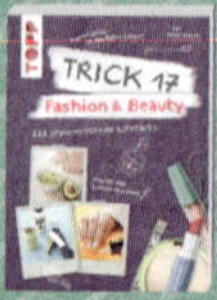

978-3-7724-7716-4

978-3-7724-7745-4

978-3-7724-7793-5

978-3-7724-7784-3

978-3-7724-7826-0

978-3-7724-7693-0

978-3-7724-7726-3

978-3-7724-7596-2

Mehr zum Thema Lifehacks findest du auf www.trick17-dasbuch.de

DÜRFEN WIR VORSTELLEN? WIR SIND TOPP!

Uns, unsere Autoren, Bücher, Sets und viele, viele Bastelideen gibt's nicht nur auf Events und in Buchhandlungen, sondern natürlich auch online:

www.TOPP-KREATIV.de

www.TOPP-KREATIV.de/Newsletter

www.Facebook.com/Frechverlag

www.YouTube.com/Frechverlag

www.Instagram.de/Frechverlag

www.Pinterest.de/Frechverlag

Impressum

FOTOS: Fotostudio lichtpunkt, Michael Ruder, Stuttgart
ILLUSTRATIONEN KAPITELAUFMACHERSEITEN: Rosenrot – Charlotte Müller und Christine Gerlach, Berlin
STRICHZEICHNUNGEN: Katrin Lemmer
PRODUKTMANAGEMENT UND LEKTORAT: Eva Schrecklinger, Janina Vogel
HERSTELLUNG: Katrin Röhlig
SATZ: Fotosatz H. Buck, Kumhausen
DRUCK UND BINDUNG: GPS Group GmbH, Österreich

1. Auflage 2019

ISBN 978-3-7724-7145-2 • Best.-Nr. 7145